Impressum
Verlag: BABADADA GmbH, Nedderfeld 112 , 22529 Hamburg
Geschäftsführer / Verlagsleitung: Harald Hof
Druck: Books on Demand GmbH, In de Tarpen 42, 22848 Norderstedt

Imprint
Publisher: BABADADA GmbH, Nedderfeld 112 , 22529 Hamburg, Germany
Managing Director / Publishing direction: Harald Hof
Print: Books on Demand GmbH, In de Tarpen 42, 22848 Norderstedt, Germany

ysgol
dugsi

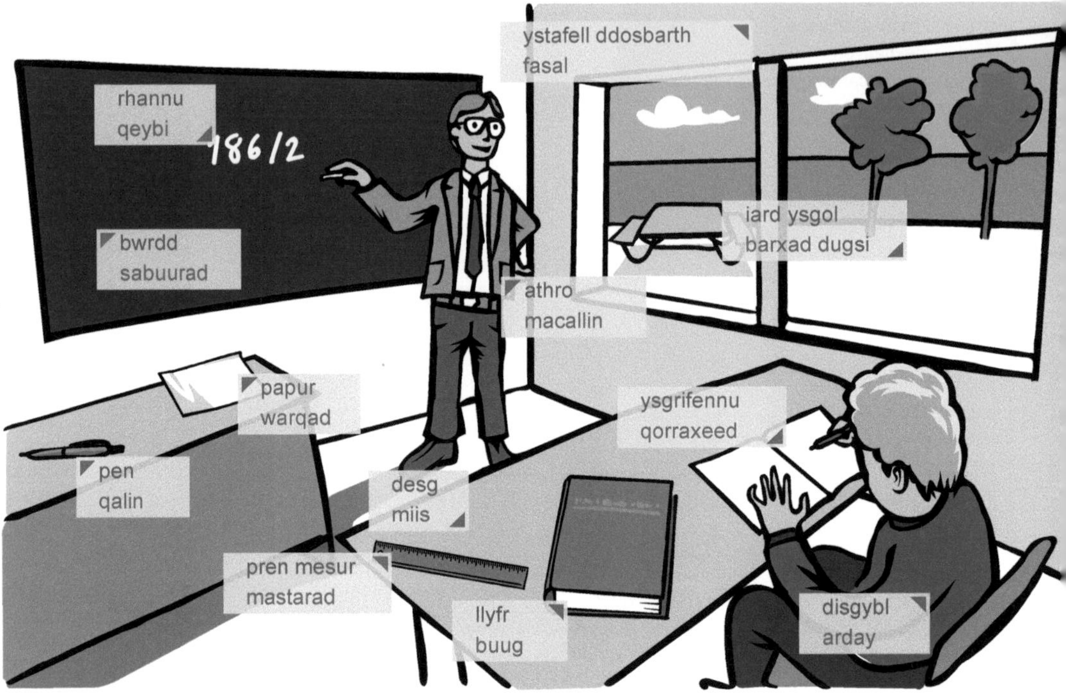
ystafell ddosbarth
fasal
rhannu
qeybi
186/2
bwrdd
sabuurad
athro
macallin
iard ysgol
barxad dugsi
papur
warqad
ysgrifennu
qorraxeed
pen
qalin
desg
miis
pren mesur
mastarad
llyfr
buug
disgybl
arday

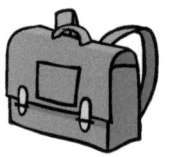

bag ysgol

boorso

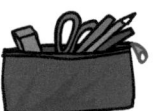

blwch penseli

kiis qalin-qori

pensil

qalin-qori

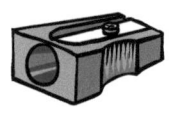

peth rhoi min ar bensil

koobka qalin qor

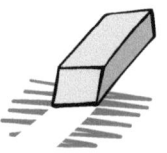

rwber

titirre

pad arlunio

buugga sawirka

llun

sawirid

brws paent

burushka midabaynta

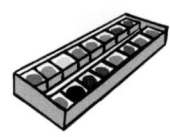

blwch paent

gasaca midabaynta

siswrn

maqasyo

glud

koollo

llyfr ysgrifennu

buug qoraal

gwaith cartref

shaqo-guri

rhif

lambar

ychwanegu

ku dar

tynnu

ka jar

lluosi

ku dhufo

cyfrifo

xisaabi

llythyren

warqad

gwyddor

alifbeeto

gair

erey

testun

qoraal

darllen

akhri

sialc

jeesto

gwers

cahsar

cofrestr

diiwaan

arholiad

imtixaan

tystysgrif

shahaado

gwisg ysgol

direes dugsi

addysg

waxbarasho

gwyddoniadur

diwaan mowduuceed

prifysgol

jaamacad

microsgop

mayskariskoob

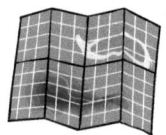

map

khariidad

basged papur gwastraff

haan qashin-gur

teithio

safar

gwesty
hoteel
Grand
hostel
hoteel jiif-cunto
ROOMS
swyddfa gyfnewid
xafiiska sarrifaka lacagaha
cês dillad
shandad-dhar
car
baabuur

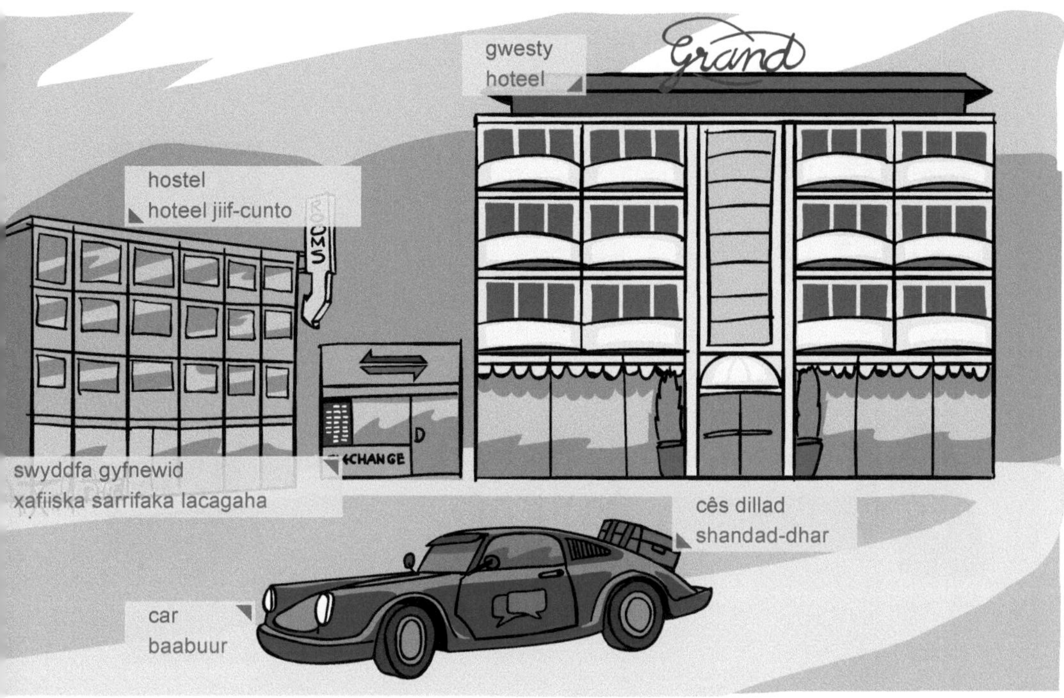

iaith

luuqad

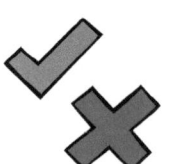

ie / na

haa / maya

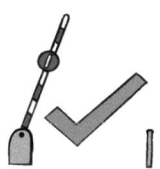

iawn

Hagaag

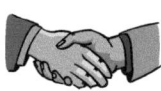

helo

nabad miyaa

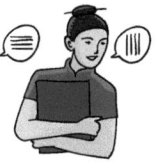

cyfieithydd

turjumaan

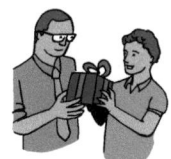

Diolch yn fawr

Waad mahadsan tahay

faint yw ...?

waa immisa...?

Dw i ddim yn deall

ma aanan fahamin

problem

dhibaato

Noswaith dda!

galab wanaagsan!

Bore da!

subax wanaagsan!

Nos da!

habeen wanaagsan!

hwyl

nabad gelyo

cyfarwyddyd

jiho

bagiau

alaabo

bag

boorso

gwarbac

boorso-dhabar

gwestai

marti

ystafell

qol

sach gysgu

katiifad

pabell

teendho

gwybodaeth i ymwelwyr

xog dalxiis

traeth

xeebta

cerdyn credyd

kaar amaah

brecwast

quraac

cinio

qado

swper

casho

tocyn

rasiid

lifft

wiish

stamp

tiimbare

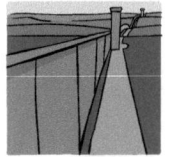

ffin

xuduud

tollau

qeybta-canshuur-bixinta

llysgenhadaeth

safaarad

fisa

dal ku gal

pasbort

baasaboor

cludiant
gaadiid

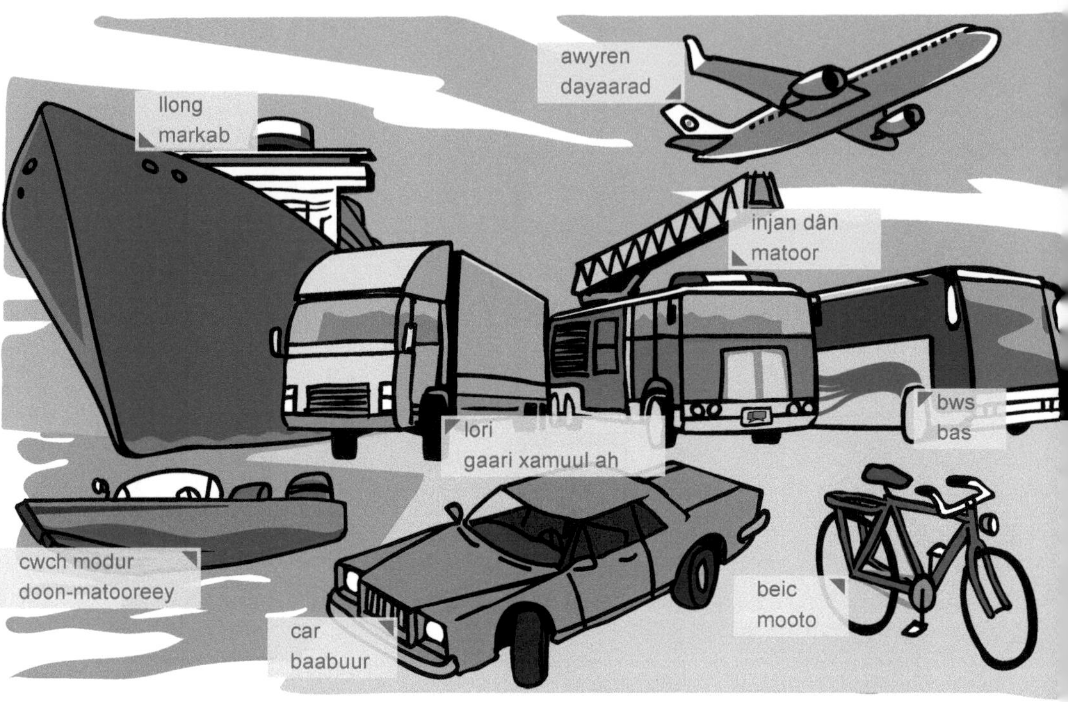

awyren
dayaarad
llong
markab
injan dân
matoor
bws
bas
lori
gaari xamuul ah
cwch modur
doon-matooreey
beic
mooto
car
baabuur

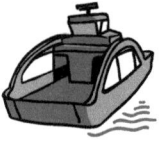

fferi
doon

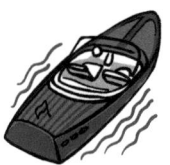

cwch
doonnida

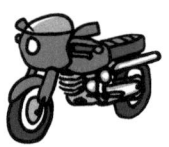

beic modur
mooto

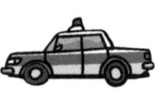

car yr heddlu
baabuur booliis

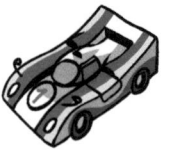

car rasio
baabuur baratan

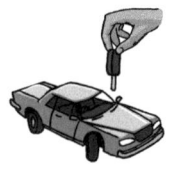

car wedi'i rentu
baabuur la-kiraysto

rhannu car

gaadiid-wadaag

lori tynnu

wiishle

lori ysbwriel

gaari qashin-gure

modur

matoor

tanwydd

shidaal

gorsaf betrol

ajib

arwydd traffig

calaamad taraafiko

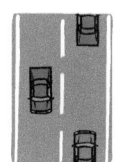

traffig

taraafiko

tagfa draffig

jaam baabuur

maes parcio

baarkin-baabuur

gorsaf drennau

boosteejo tareen

traciau

waddo-tareen

trên

tareen

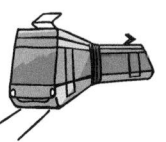

tram

taraam

wagen

gaari faras

hofrennydd

helikobtar

maes awyr

garoonka dayuuradaha

twr

manaarad

teithiwr

rakaab

cynhwysydd

weel

paced

kartoon

cert

gaari faras

basged

dambiil

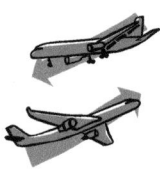

esgyn / glanio

kicid / degis

dinas

magaalo

pentref

tuulo

canol y ddinas

faras magaale

tŷ

guri

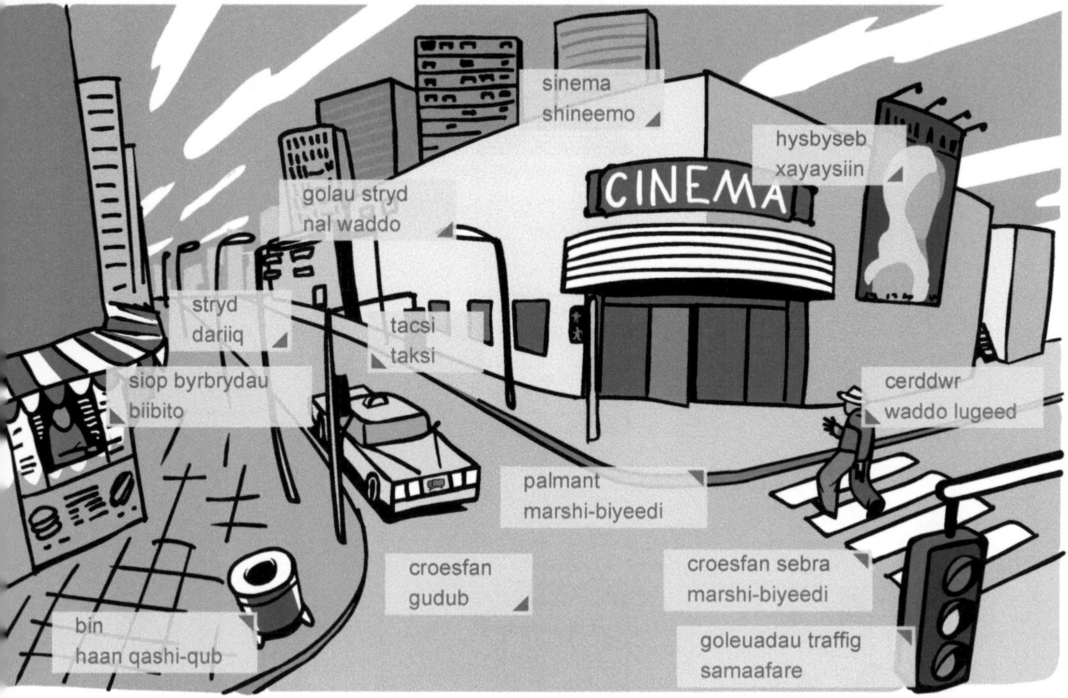

sinema
shineemo

hysbyseb
xayaysiin

golau stryd
nal waddo

stryd
dariiq

tacsi
taksi

siop byrbrydau
biibito

cerddwr
waddo lugeed

palmant
marshi-biyeedi

croesfan
gudub

croesfan sebra
marshi-biyeedi

bin
haan qashi-qub

goleuadau traffig
samaafare

CINEMA

cwt

mundul

fflat

dabaq

gorsaf drennau

boosteejo tareen

neuadd y dref

xarunta dowladda-hoose

amgueddfa

matxaf

ysgol

dugsi

prifysgol

jaamacad

banc

bangi

ysbyty

isbitaal

gwesty

hoteel

fferyllfa

farmasi

swyddfa

xafiis

siop lyfrau

buug shoob

siop

dukaan

siop flodau

dukaan ubax

archfarchnad

carwo

farchnad

suuq

siop adrannol

suuq weyne

siop bysgod

kalluun-iibshe

canolfan siopa

suuq

harbwr

furdo

parc
jardiino

banc
kursi

pont
buundo

grisiau
jaraanjaro

rheilffordd danddaearol
waddo-tareen-hoosaad

twnnel
waddo-dhul hoose

safle bws
boosteejo

bar
baar

bwyty
makhaayad

blwch post
sanduuq boosto

arwydd stryd
calaamad waddo

mesurydd parcio
joogid-cabbire

sŵ
beer-xayawaan

pwll nofio
barkad dabbaalasho

mosg
masaajid

fferm	llygredd	mynwent
beer	naqas	qabuuro

eglwys	maes chwarae	teml
kaniisad	garoon	macbad

tirwedd

muqaal-dhireed

deilen
caleen

arwydd cyfeirio
calaamad-waddo

ffordd
waddo

dôl
seere

carreg
dhagax

coeden
geed

heiciwr
buur korre

afon
webi

glaswellt
caws

blodyn
ubax

cwm
dooxo

bryn
buur

llyn
laag

coedwig
kayn

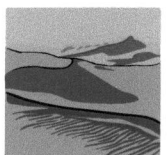

anialwch
saxare

llosgfynydd
foolkaano

castell
qasri

enfys
qaanso-roobaad

madarchen
barkin-waraabe

palmwydden
geed timireed

mosgito
kaneeco

pryf
duqsi

morgrugyn
qoraanjo

gwenyn
shinni

pryf copyn
caaro

chwilen

dameer-duudeey

llyffant

rah

gwiwer

dabagaalle

draenog

kashiito

ysgyfarnog

dabagaalle

tylluan

guumeys

aderyn

shimbir

alarch

boolo-boolo

baedd

doofaar-jilibeey

carw

deero

elc

faras-duur

argae

biyo-xireen

tyrbin gwynt

tamar-dhaliye

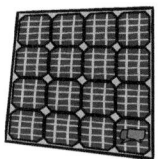

panel haul

soollar

hinsawdd

cimilo

bwyty

makhaayad

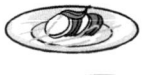

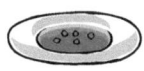

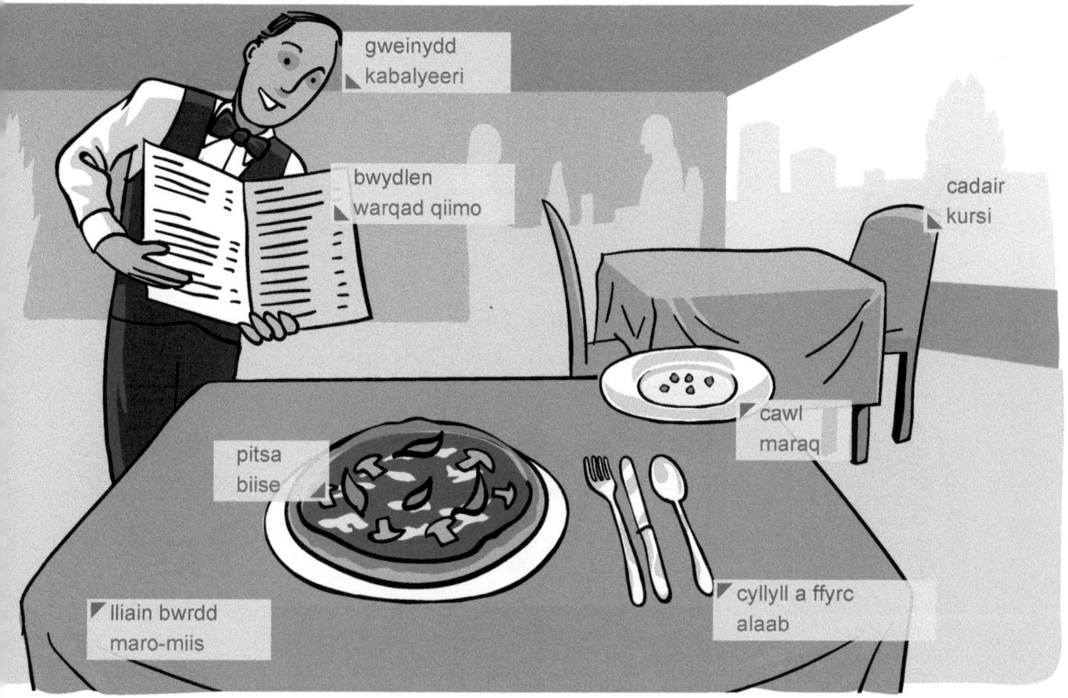

gweinydd
kabalyeeri
bwydlen
warqad qiimo
cadair
kursi
cawl
maraq
pitsa
biise
cyllyll a ffyrc
alaab
lliain bwrdd
maro-miis

cwrs cyntaf

af-billow

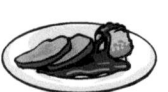

prif gwrs

cunto bariimo

pwdin

macmacaan

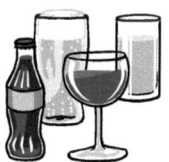

diodydd

cabitaan

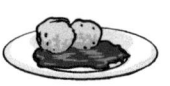

bwyd

cunto

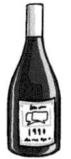

potel

dhalo

bwyd cyflym

cunto diyaarsan

bwyd y stryd

cunto-waddo

tebot

jalmad shaah

powlen siwgr

weelka sonkorta

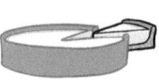

dogn

qayb

peiriant espresso

mashiinka isbareesada

cadair plentyn

kursi dheer

bil

biil

hambwrdd

tereey

cyllell

mindi

fforc

fargeeto

llwy

qaaddo

llwy de

malqacad-shaah

napcyn

shukumaan miis

gwydr

galaas

plât
·············
saxan

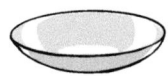

plât cawl
·············
saxanka maraqa

soser
·············
saxan

saws
·············
suugo

pot halen
·············
weelka cusbada

melin bupur
·············
basbaas shiide

finegr
·············
fixiye

olew
·············
saliid

sbeisys
·············
dhandhanaan

saws coch
·············
suugo

mwstard
·············
mastaard

mayonnaise
·············
mayoonees

archfarchnad

carwo

cynnig arbennig
qiima dhimis qaas ah
cwsmer
macmiil
FOR
cynnyrch llaeth
caano
ffrwythau
miro
troli
gaariga adeega

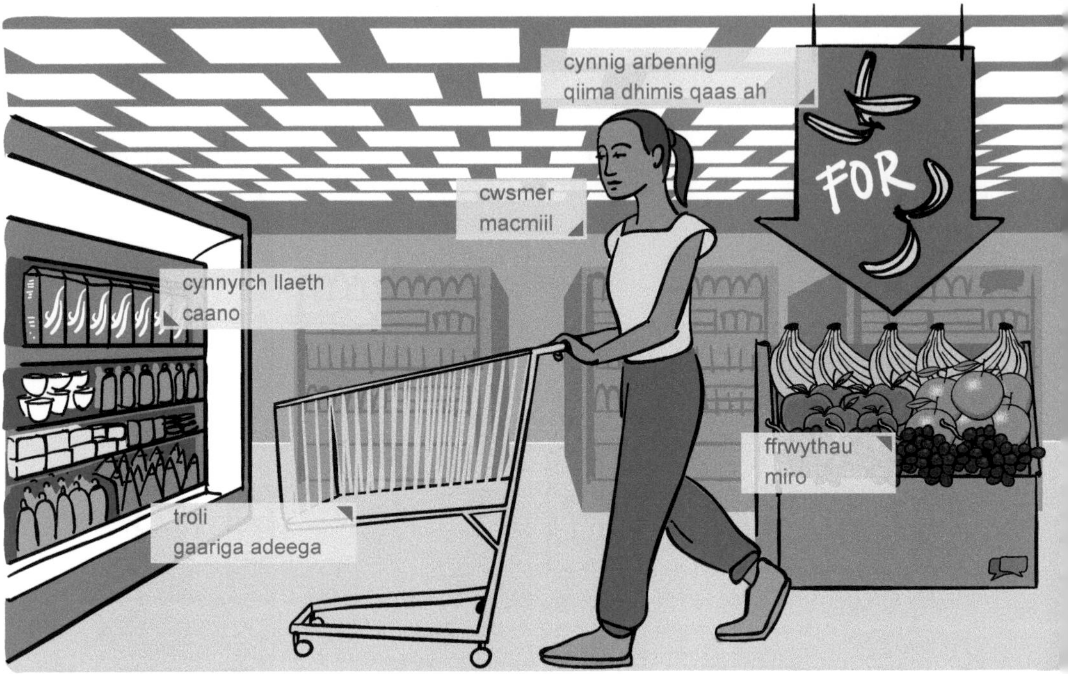

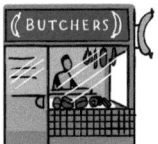

BUTCHERS

siop gig

kawaan

BAKERY

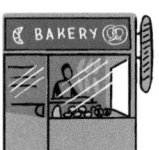

siop fara

foorno

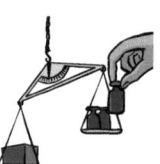

pwyso

cabbir

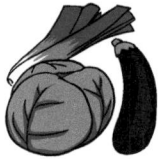

llysiau

khudaar

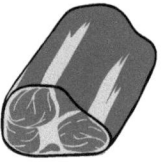

cig

hilib

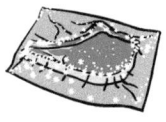

Bwyd wedi'i rewi

cunto la qaboojiyay

cig oer

hilibka qadada

bwyd tun

cunto gasacadeysan

powdr golchi

oomo

da-da

macmacaan

cynnyrch cartref

alaabada guri

cynhyrchion glanhau

alaabo nadaafad

gwerthwraig

iibshe

til

diiwaan lacagta

ariannwr

qasnaji

rhestr siopa

liis adeeg

oriau agor

saacadaha shaqo

waled

shandada jeebka

cerdyn credyd

kaar amaah

bag

bac

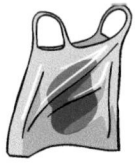

bag plastig

bac

dŵr
....
biyo

sudd
....
casiir

llefrith
....
caano

côc
....
kooka-kola

gwin
....
khamri

cwrw
....
biir

alcohol
....
khamri

coco
....
kooke

te
....
shaah

coffi
....
kafee

espresso
....
isberesso

cappuccino
....
koobishiin

ffrwchledd

muus

afal

tufaax

oren

liin-bambeelmo

melon

qare

lemwn

liin

moronen

karooto

garlleg

toon

bambŵ

baambuu

nionyn

basal

madarchen

barkin-waraabe

cnau

loos

nwdls

baasto

sbageti

baasto

reis

bariis

salad

salar

sglodion

jibsi

tatws wedi'u ffrïo

baradho shiilan

pitsa

biise

hambyrger

haambeegar

brechdan

saanwij

cytled

hilib-jiir

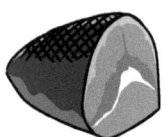

ham

hilib-doofaar

salami

salami

selsig

sooseej

cyw iâr

hilib-digaag

rhost

duban

pysgodyn

kalluun

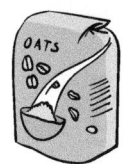

ceirch uwd

sareenta mashaarida

miwsli

quraac isku-dhafan

creision ŷd

daango

blawd

bur

croissant

nooc rooti ah

bynsen

rooti

bara

rooti

tost

rooti-la-kulluleeyey

bisgedi

buskud

menyn

subag

ceuled

hanti

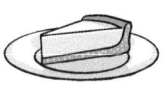

teisen

doolsho

wy

ukun

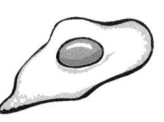

wy wedi'i ffrïo

ukun shiilan

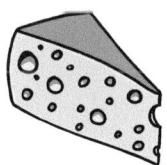

caws

burcad

hufen iâ

jalaato

siwgr

sonkor

mêl

malab

jam

malmalaado

siocled taenu

labeen macmacaan

cyri

suugo

fferm
beer

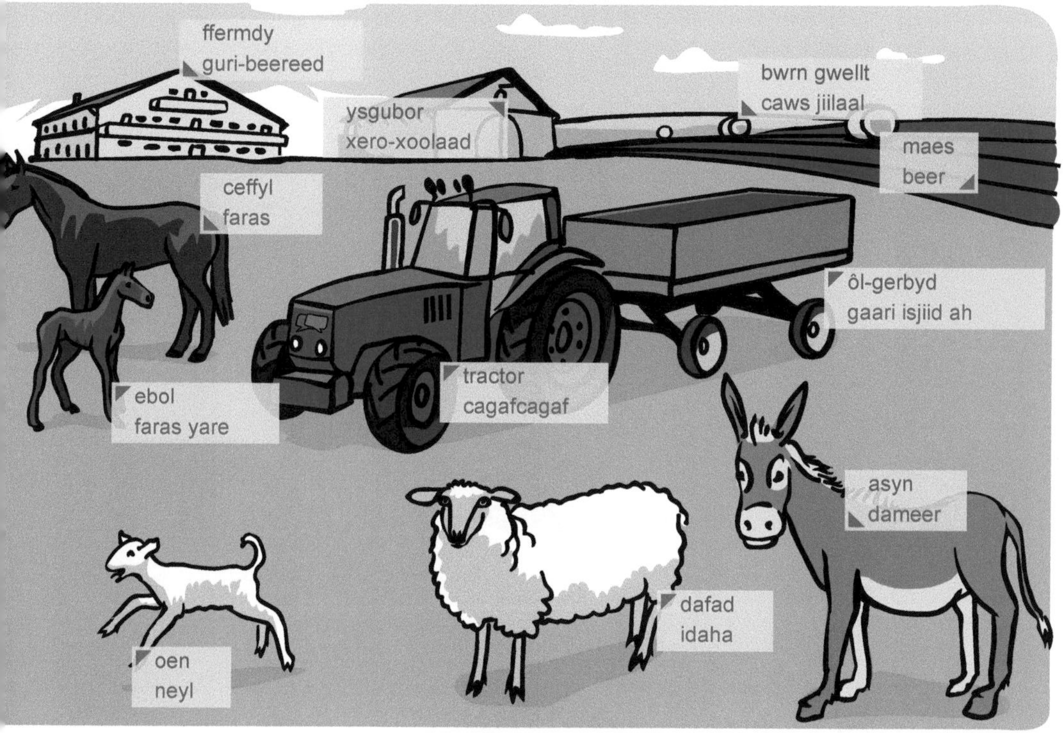
ffermdy
guri-beereed
ysgubor
xero-xoolaad
bwrn gwellt
caws jiilaal
maes
beer
ceffyl
faras
ôl-gerbyd
gaari isjiid ah
ebol
faras yare
tractor
cagafcagaf
asyn
dameer
dafad
idaha
oen
neyl

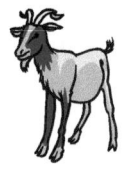

gafr
ri'

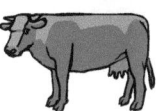

buwch
sac

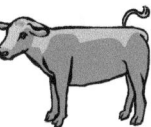

llo
weyl

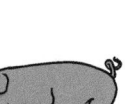

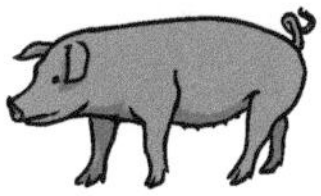
mochyn
doofaar

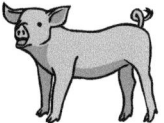

porchell
dhal doofaar

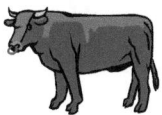

tarw
dibi

gwydd

bawaato lab

hwyaden

bawaato

cyw

jiijiile

iâr

digaag

ceiliog

diiq

llygoden fawr

doolli

cath

bisad

llygoden

jiir

ych

dibi

ci

eey

cwt ci

hoyga eeyga

pibell ddŵr

tuubbo waraab

can dŵr

sakeelka waraabinta

pladur

gudin

aradr

carro-roge

cryman
gudin

fforch chwynu
yaambo

picwarch
fargeeto caws-beereed

bwyell
faas

berfa
gaari -gacan

cafn
dar

tun llefrith
dhalada caanaha

sach
jawaan

ffens
deer

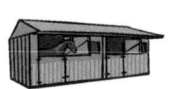

stabl
xero xooleed

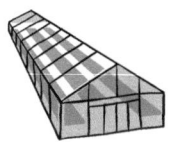

tŷ gwydr
gur-biqlin-dhireed

pridd
ciidda

hedyn
abuuka

gwrtaith
bacrimiye

dyrnwr medi
cagafta beer-goynta

cynaeafu

beer-goyn

cynhaeaf

beer-gooyn

iamau

moxog

gwenith

sarreen

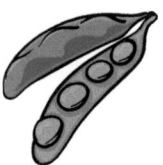

soi

soya

tysen

baradho

grawn

galley

had rêp

geed-saliideed

coeden ffrwythau

geed mirood

manioc

moxog

grawnfwydydd

firiley

simnai
qiiq saar

to
saqaf

peipen law
majaroor

ffenestr
daaqad

garej
garaash

cloch y drws
gambaleel

drws
irrid

bin sbwriel
haan qashin

blwch post
sanduuq boosto

gardd
beer

lolfa

qol jiib

ystafell ymolchi

musqul-qubeys

cegin

jiko

ystafell wely

qolka jiifka

ystafell plentyn

qolka ilmaha

ystafell fwyta

qolka cuntada

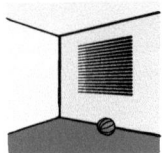

llawr
....
sagxad

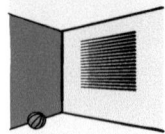

wal
....
derbi

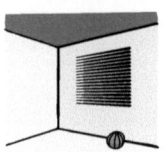

nenfwd
....
saqaf

seler
....
makhaasiin

sawna
....
soona

balconi
....
balakoon

teras
....
daarad

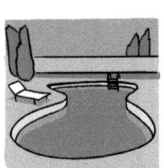

pwll
....
barkad

peiriant torri gwair
....
caws-jare

taflen
....
buste

gorchudd gwely
....
go'

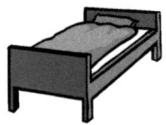

gwely
....
sariir

ysgub
....
xaaqin

bwced
....
baaldi

swits
....
daare-damiye

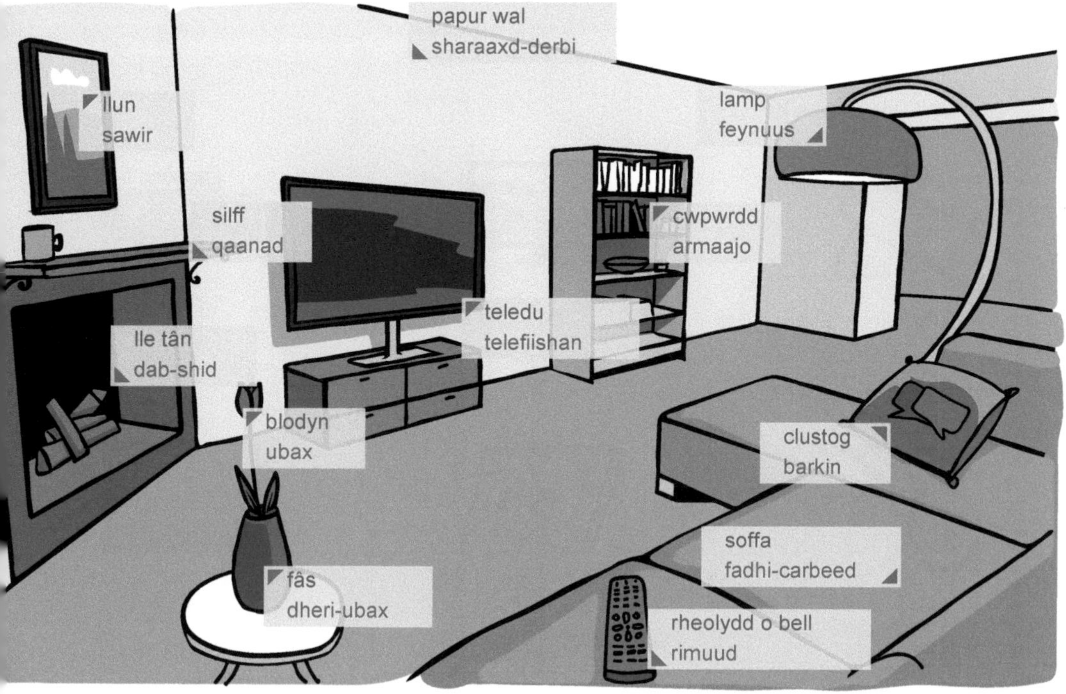

papur wal
sharaaxd-derbi

llun
sawir

lamp
feynuus

silff
qaanad

cwpwrdd
armaajo

lle tân
dab-shid

teledu
telefiishan

blodyn
ubax

clustog
barkin

fâs
dheri-ubax

soffa
fadhi-carbeed

rheolydd o bell
rimuud

carped
roog

llen
daah

bwrdd
miis

cadair
kursi

cadair siglo
kursi wareega

cadair freichiau
kursi fadhi

llyfr
buug

blanced
buste

addurn
qurxin

coed tân
xaabo

ffilm
filin

hi-fi
cod-baahiye

agoriad
fure

papur newydd
wargeys

darlun
rinjiyeyn

poster
tabeelo

radio
raadiye

llyfr nodiadau
xusuus-qor

hwfer
huufar

cactws
tiitiin

cannwyll
shumac

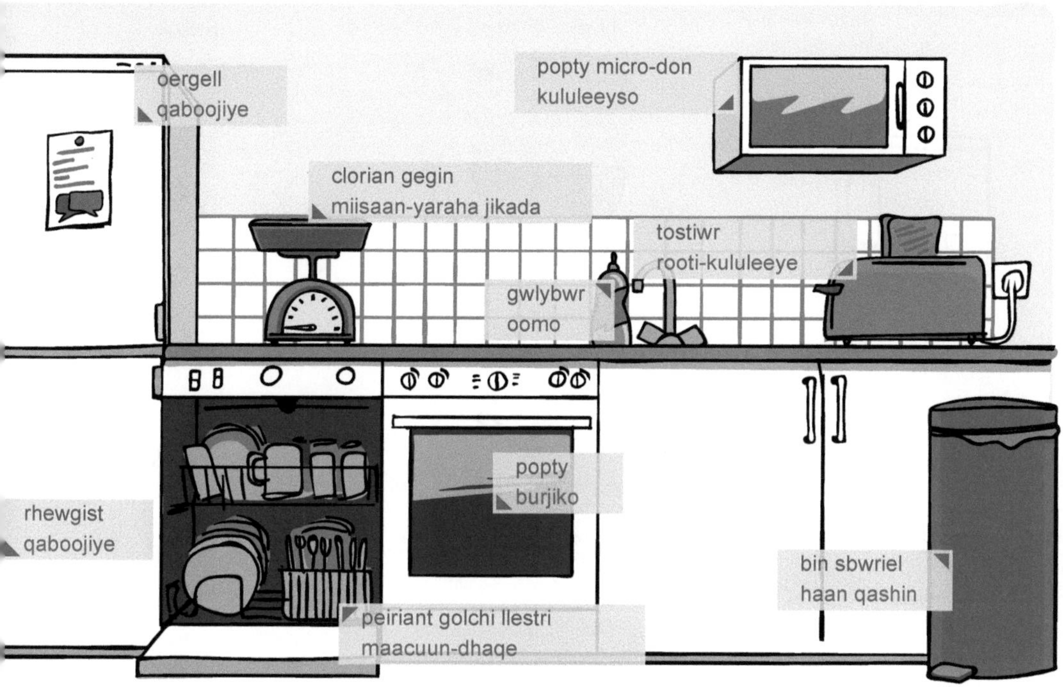

oergell
qaboojiye

popty micro-don
kululeeyso

clorian gegin
miisaan-yaraha jikada

tostiwr
rooti-kululeeye

gwlybwr
oomo

rhewgist
qaboojiye

popty
burjiko

bin sbwriel
haan qashin

peiriant golchi llestri
maacuun-dhaqe

popty
kuuker

pot
dheri

pot haearn bwrw
birtaawo

wok / kadai
birtaawo

padell
birtaawo

tegell
kirli

sosban stemio

uumiye

hambwrdd pobi

saxaarad dubista

llestri

maacuun

mwg

bakeeri

powlen

baaquli

gweill bwyta

qoryo wax lagu cuno

lletwad

malqacad

ysbodol

qaado

chwisg

folow

hidlydd

miire

gogr

shashaq

gratiwr

qudaar-jare

morter

mooye

barbeciw

hilib-sol

tân agored

dab

bwrdd torri cig
....
alwaaxa wax-jar-jarka

rholbren
....
ul jabaati

tynnwr corcyn
....
guf-saare

tun
....
gasac

peth agor tuniau
....
gasac-fure

clwt pot
....
istaraasho-jiko

sinc
....
saxanka-alaab-dhaqa

brws
....
caday

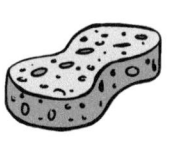

sbwng
....
isbuunyo

peiriant cymysgu
....
shiide

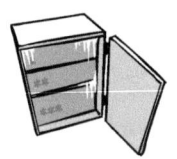

rhewgell
....
qaabojin qoto-dheer

potel babi
....
masaasad

tap
....
tuubbo

ystafell ymolchi
musqul-qubeys

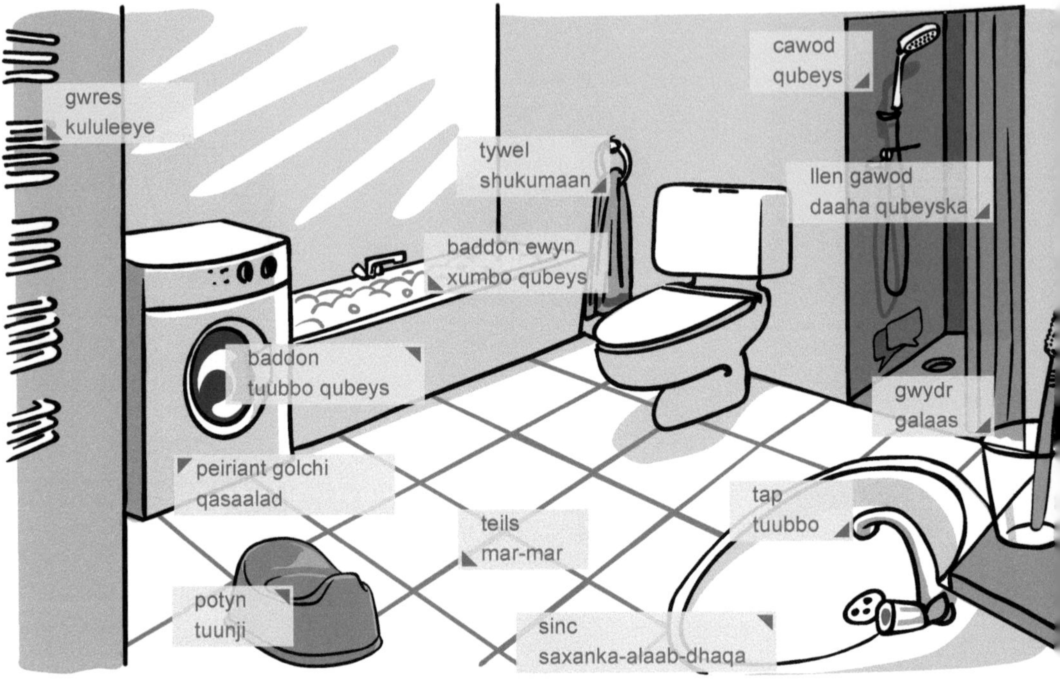

gwres
kululeeye
cawod
qubeys
tywel
shukumaan
llen gawod
daaha qubeyska
baddon ewyn
xumbo qubeys
baddon
tuubbo qubeys
gwydr
galaas
peiriant golchi
qasaalad
tap
tuubbo
teils
mar-mar
potyn
tuunji
sinc
saxanka-alaab-dhaqa

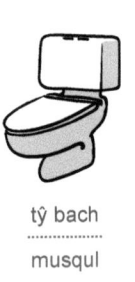

tŷ bach

musqul

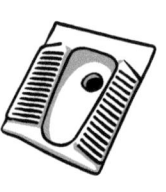

toiled cyrcydu

musqusha fadhiga

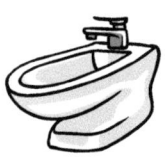

bidet

siin

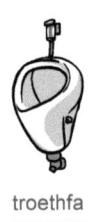

troethfa

weel kaadi

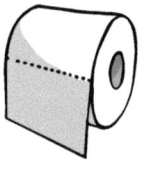

papur tŷ bach

tiish musqul

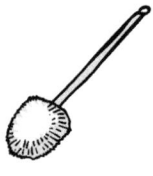

brws tŷ bach

burushka musqusha

brws dannedd
caday

past dannedd
daawo caday

edau ddannedd
dunta ilka farashada

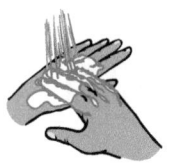

golchi
dhaq

cawod llaw
gacan qubeys

golchfa
tuubo-musqul

basn
beeshin

brws-ôl
burush-qubeys

sebon
saabuun

gel cawod
shaambo

siampŵ
shaambo

gwlanen
cago-saar

ffos
biyo-saare

hufen
kareem

diaroglydd
carfiso

drych

muraayad

drych llaw

muraayad gacmeed

rasel

sakiin

ewyn eillio

xumbada xiirashada

sent eillio

daawo gar-xiir

crib

shanlo

brws

burush

sychwr gwallt

fooneeye

chwistrell gwallt

timo-buufis

colur

waji-qurxiye

minlliw

rooseeto

farnais ewinedd

cidiyo-nadiifiye

gwlân cotwm

dun

siswrn ewinedd

cidiyo-jar

persawr

baarafuun

bag ymolchi

boorso-wajidhaq

stôl

saxaro

clorian

miisaan culays

gŵn baddon

dhar-qubeys

menig rwber

gacma gashi cinjir

tampon

tambooni

tywel misglwyf

tiimshe

toiled cemegol

musqul kiimiko

ystafell plentyn
qolka ilmaha

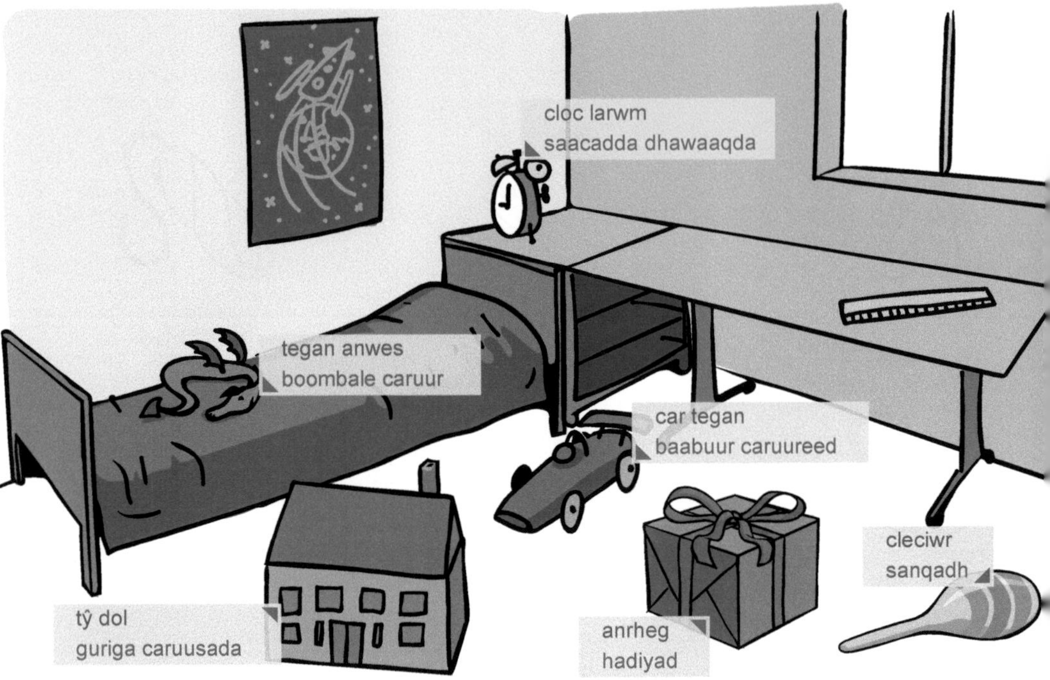
cloc larwm
saacadda dhawaaqda
tegan anwes
boombale caruur
car tegan
baabuur caruureed
cleciwr
sanqadh
tŷ dol
guriga caruusada
anrheg
hadiyad

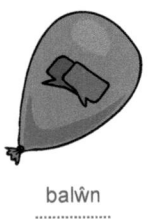

balŵn

buufin

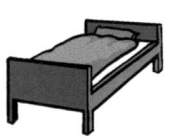

gwely

sariir

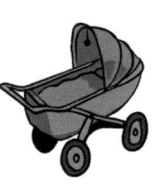

pram

gaariga caruurta

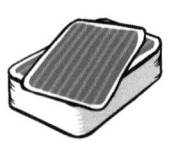

pecyn o gardiau

turub

jig-so

miinshaar

SUPER
MEGA

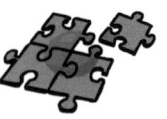

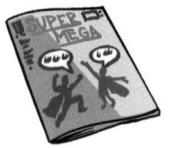

comic

maad

brics Lego

bulkeeti boombale ah

blociau adeiladu

tooy

ffigur gweithredu

sanam

babygro

isku-jooga dhallaanka

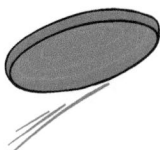

ffrisbi

aalad cayaar

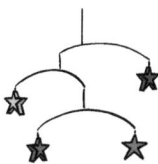

ffôn symudol

moobaayl

gêm fwrdd

khamaar

deis

laadhuu

set model trên

moodo tareen

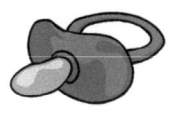

teth lwgu

boombale

parti

xaflad

llyfr lluniau

buug sawirro

pêl

kubbad

dol

boombale

chwarae

cayaar

pwll tywod

dhoobo-dhoobeey

swing

wiifoow

teganau

alaab-alaabeey

consol gemau fideo

geemka gacanta laga hago

beic tair olwyn

baaskiil

tedi

boombale

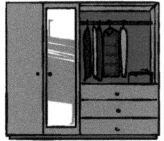

cwpwrdd dillad

armaajo dhar

dillad

dhar

hosanau

sigisaan

hosanau

sigsaan haween

teits

surwaal-dhuuqsan

sgarff
masar

ymbarél
dallad

crys-t
funaanad

gwregys
suun

esgidiau
kabo buud

sliperi
dacas

esidiau ymarfer
kabo tababar

sandalau
saandalo

esgidiau
kabo

esgidiau rwber
kabo roob

trôns
hoos-gashi

bra
rajabeeto

fest
garan

dillad - dhar

corff
jir

trowsus
surwaal

jîns
surwaal jeenis

sgert
goono

blows
canbuur

crys
shaati

pwlofer
funaanad-dhaxameed

hwdi
garan dhaxameed

blaser
jaakad fudud

siaced
jaakad

côt
koodh

côt law
koodhka roobka

gwisg
dhar-munaasabadeed

gŵn
labbis

gwisg briodas
lebbis aroos

siwt
suut

gŵn nos
dhar-hurdo

pyjamas
bajaamo

sari
saari

sgarff pen
masar

tyrban
cimaamad

bwrca
cabaayad

cafftan
saako

abaya
cabaayad

gwisg nofio
dharka-dabaasha

trowsus nofio
dabo-gaabyo

siorts
surwaal-dabagaab

tracwisg
taraak-suut

ffedog
dufan-dhowr

menig
gacmo gashi

botwm

galluus

sbectol

ookiyaale

breichled

jijin

cadwyn

silis

modrwy

faraati

clustdlws

dhego dhego

cap

koofiyo

cambren

katabaan

het

koofiyad

tei

garabaati

sip

jiinyeer

helmed

helmed

fframiau danedd

ilko-reeb

gwisg ysgol

direes dugsi

gwisg

direes

bib

cayo-dhowr

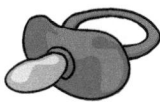

teth lwgu

boombale

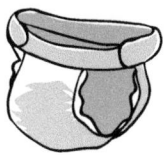

cewyn

maro-dufeed

swyddfa
xafiis

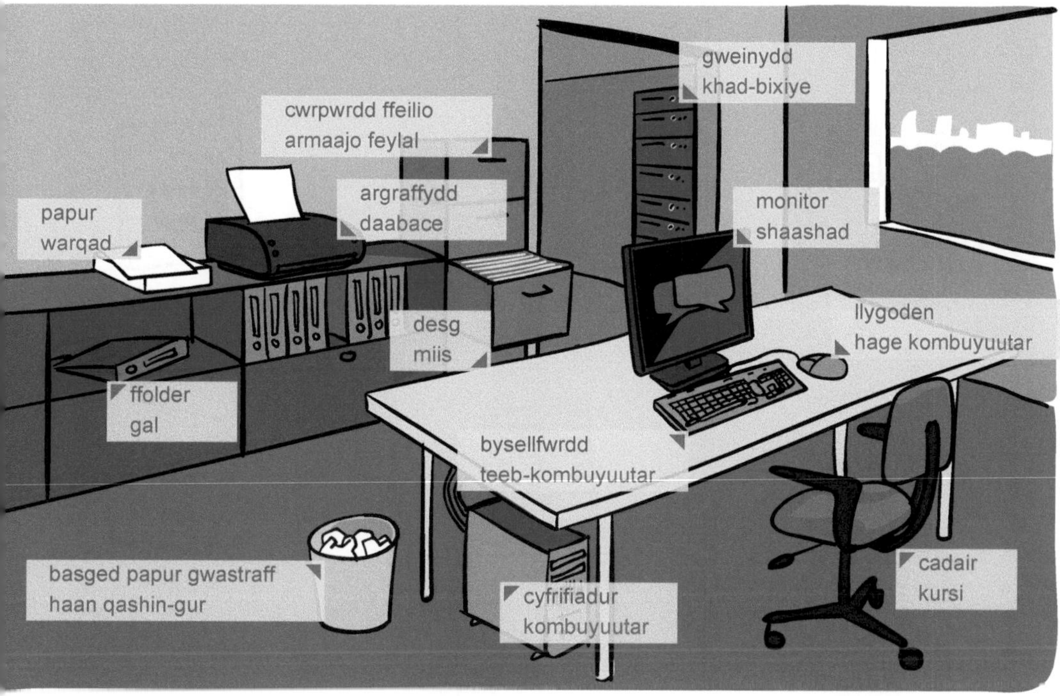

gweinydd
khad-bixiye

cwrpwrdd ffeilio
armaajo feylal

argraffydd
daabace

monitor
shaashad

papur
warqad

desg
miis

llygoden
hage kombuyuutar

ffolder
gal

bysellfwrdd
teeb-kombuyuutar

basged papur gwastraff
haan qashin-gur

cyfrifiadur
kombuyuutar

cadair
kursi

mwg coffi

koob kafee

cyfrifiannell

kalkuleytar/xisaabiye

rhyngrwyd

internet

gliniadur

laabtoob

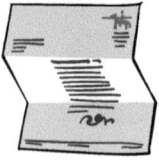

llythyr

bakhshad

neges

fariin

ffôn symudol

moobaayl

rhwydwaith

shabakad-kombuyuutar

llungopïwr

footokoobi

meddalwedd

barnaamij-kombuyuutar

teleffon

telefoon

soced plwg

god koronto

peiriant ffacs

mishiinkan fax-ka

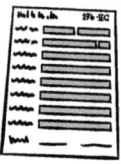

ffurflen

foomka

dogfen

dokumenti

prynu
········
iibso

talu
········
bixi

masnachu
········
ganacso

arian
········
lacag

 USD

doler
········
doollar

 EUR

ewro
········
yuuro

 JPY

yen
········
yenka jabbaan

 RUB

rwbl
········
robolka ruushka

 CHF

ffranc y Swistir
········
Franka iswiiska

 CNY

yuan renminbi
········
lacagta shiinaha

 INR

rwpi
········
rubiyada hindiga

peiriant arian
········
maqal

swyddfa gyfnewid

xafiiska sarrifaka lacagaha

aur

dahab

arian

qalin

olew

shidaal

ynni

tamar

pris

qiime

contract

qandaraas

treth

canshuur

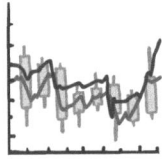

stoc

raasumaal

gweithio

shaqee

cyflogai

shaqaale

cyflogwr

shaqaaleysiiye

ffatri

warshad

siop

dukaan

swyddi

shaqooyin

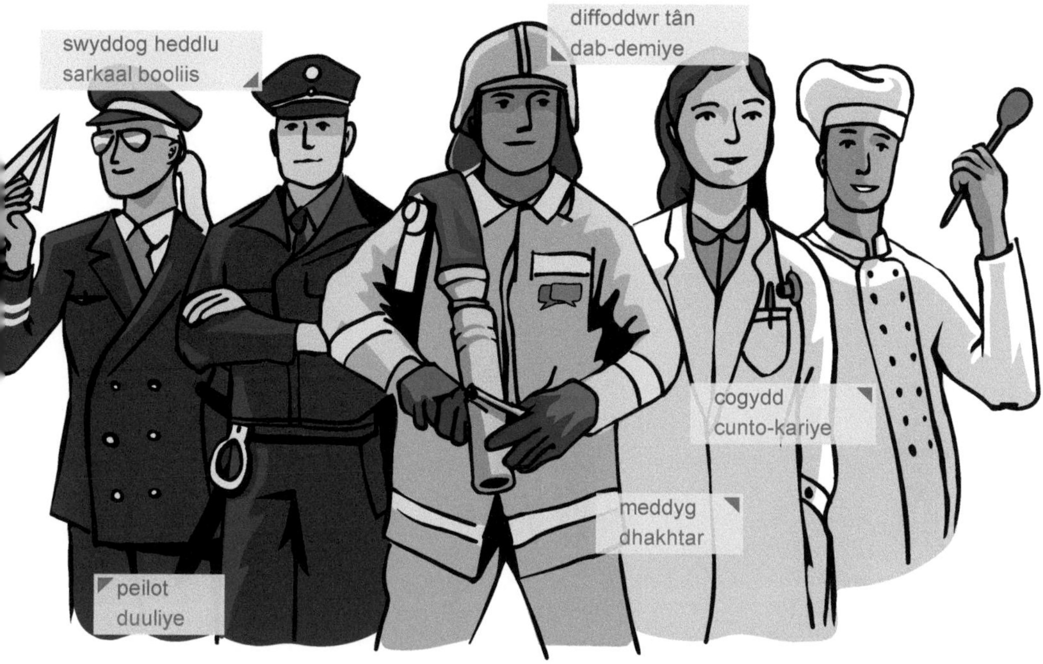
swyddog heddlu
sarkaal booliis
diffoddwr tân
dab-demiye
cogydd
cunto-kariye
meddyg
dhakhtar
peilot
duuliye

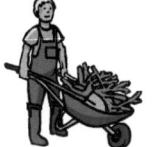

garddwr

beeralley

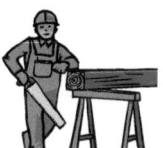

saer

nijaar

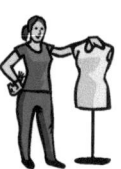

gwniadwraig

timo-qurxiso

barnwr

qaaddi

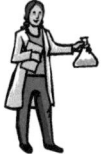

fferyllydd

farmashiiste

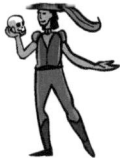

actor

jile

gyrrwr bws

darawal bas

gyrrwr tacsi

taksiile

pysgotwr

kalluumeyste

glanhawraig

nadiifiso

töwr

saqaf-dhise

gweinydd

kabalyeeri

heliwr

ugaarsade

paentiwr

rinjiile

pobydd

rooti-dube

trydanwr

koronto-yaqaan

adeiladwr

dhise

peiriannydd

injineer

cigydd

kawaanle

plymiwr

tuubbiiste

dyn y post

boostaale

milwr

askari

pensaer

injineer-dhismo

ariannwr

qasnaji

gwerthwr blodau

ubax-yaqaan

triniwr gwallt

timo-jare

archwiliwr tocynnau
rheilffordd

kiro-uruuriye

mecanydd

makaanik

capten

kabtan

deintydd

dhakhtar-ilko

gwyddonydd

saaynisyahan

rabi

wadaad yahuud

imam

imaam

mynach

xerow

clerigwr

wadaad

offer
qalab

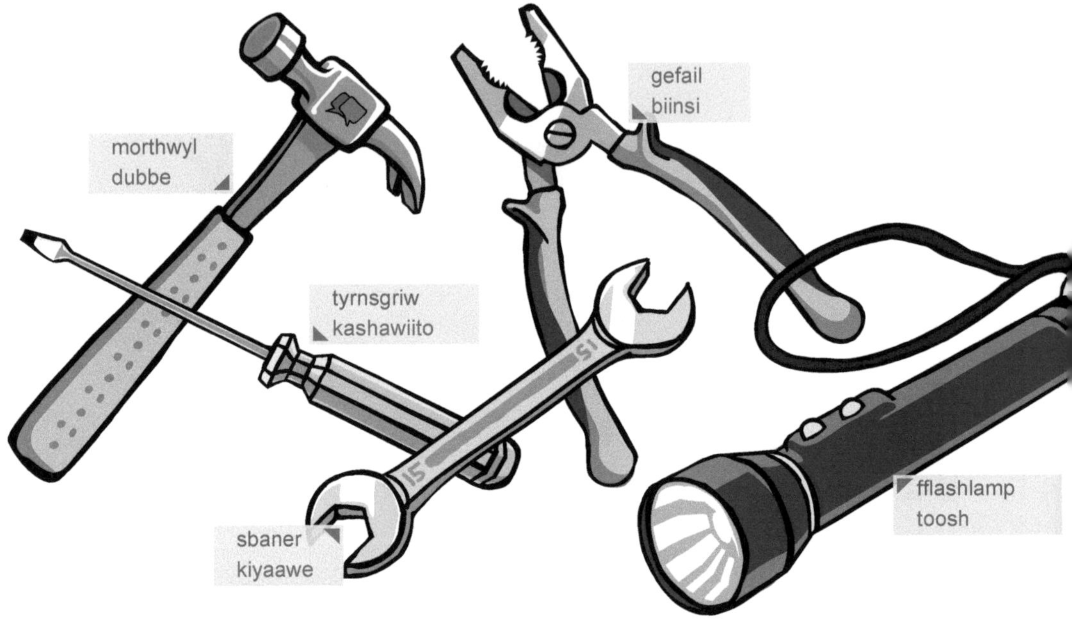

morthwyl
dubbe
gefail
biinsi
tyrnsgriw
kashawiito
sbaner
kiyaawe
fflashlamp
toosh

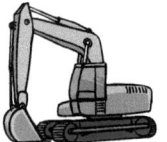

turiwr

dhul-qoddo

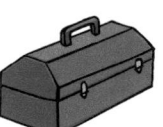

blwch offer

qalab-xajiye

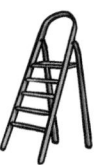

ysgol

jaraanjaro

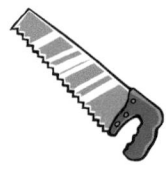

llif

miinshaar

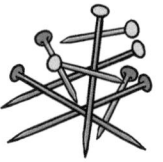

hoelion

musbaarro

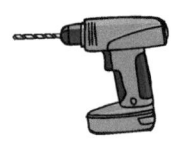

dril

dalooliye

trwsio

dayactir

rhaw

badiil

Daria!

inkaar kugu dhacday!

rhaw lwch

bus-xaabiye

pot paent

gasacad rinji

sgriwiau

boolal

offerynnau cerdd
qalab muusiko

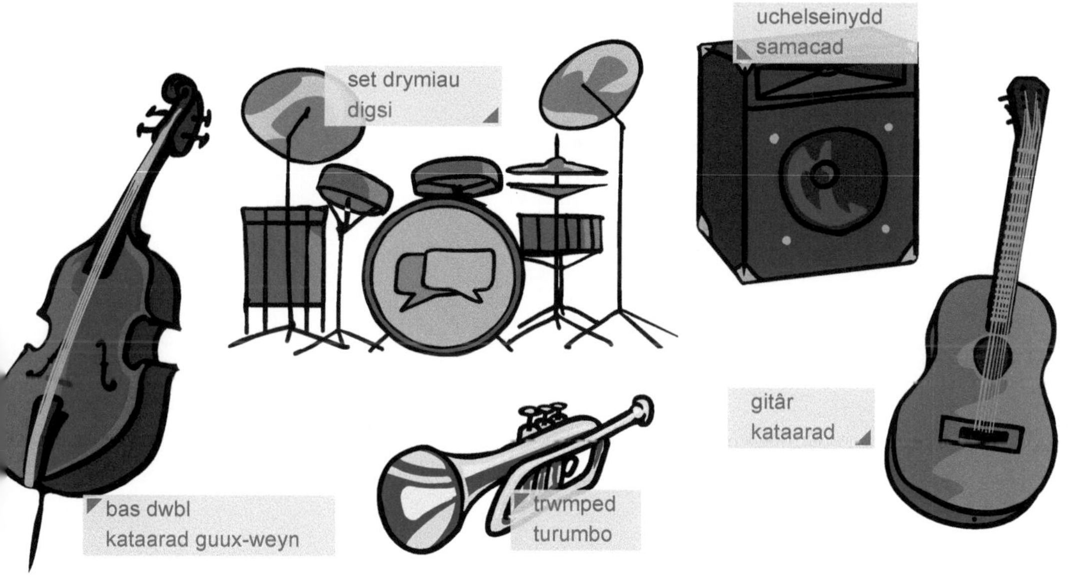

set drymiau
digsi

uchelseinydd
samacad

bas dwbl
kataarad guux-weyn

trwmped
turumbo

gitâr
kataarad

piano

biyaano

ffidil

fiyooliin

bas

karaarad guux-dheer

timpani

durbaan-sheegagle

drymiau

durbaan

cyweirfwrdd

loox-xarfeed-biyaano

sacsoffon

turumbo

ffliwt

siin-baar

meicroffon

makarafoon

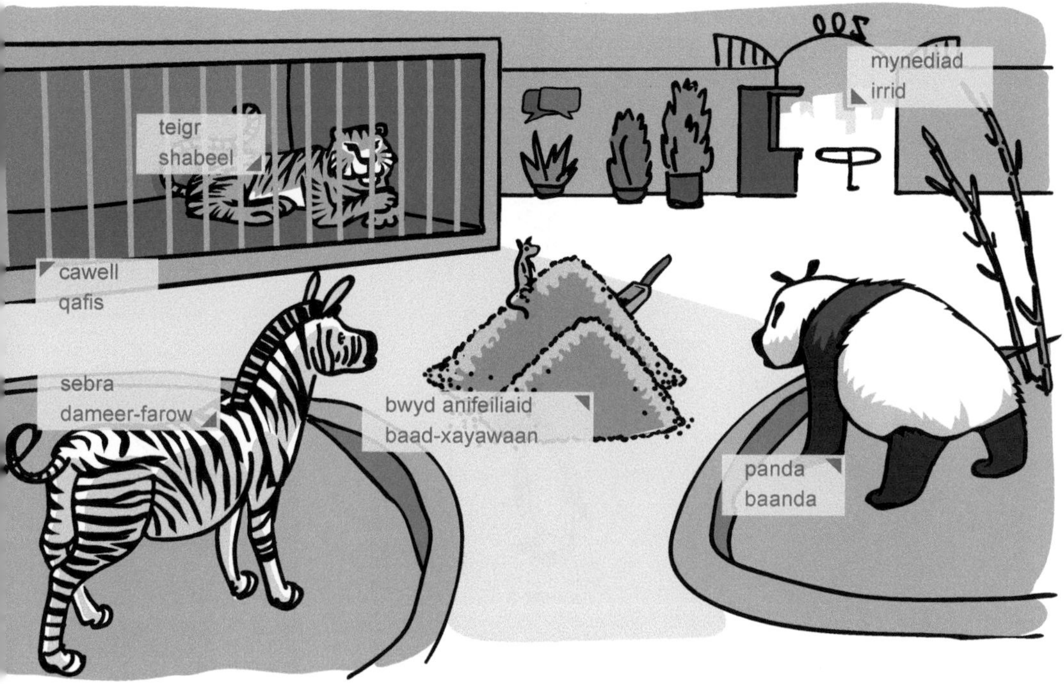

beer-xayawaan

teigr
shabeel

mynediad
irrid

cawell
qafis

sebra
dameer-farow

bwyd anifeiliaid
baad-xayawaan

panda
baanda

anifeiliaid

xayawaan

eliffant

maroodi

cangarŵ

kaangaruu

rhinoseros

wiyil

gorila

goriille

arth

oorso

camel

geel

estrys

gorayo

llew

libaax

mwnci

daanyeer

fflamingo

xiita-luga-dheer

parot

baqbaqaa

arth wen

oorso baraf-ku-nool

pengwin

shimbir baraf

siarc

libaax-badeed

paun

daa'uus

neidr

mas

crocodeil

yaxaas

gofalwr sŵ

beer-xayawaan ilaaliye

morlo

bahal kalluun-cun

jagwar

shabeel-u-eke

merlyn

dhal faras

llewpard

harmacad

hipo

jeer

jiráff

geri

eryr

gorgor

baedd

doofaar-jilibeey

pysgodyn

kalluun

crwban

qubo

walrws

maroodi-badeed

llwynog

dawaco

gafrewig

deero

pêl-droed America
kubadda-cagta maraykanka

beicio
tartanka bashkuleetiga

tennis
kubbadda miiska

pêl-fasged
kubbadda koleyga

nofio
dabaal

bocsio
cayaarta feerka

hoci iâ
hookiga barafka lagu d

pêl-droed	badminton	athletau
kubadda cagta	baadminton	ciyaaraha fudud
pêl-law	sgïo	polo
kubadda gacanta	iskii/ciyaarta barafka	cayaar-faras

chwerthin
qosol

neidio
boodid

cofleidio
hab-siin

cerdded
soco

canu
hees

breuddwydio
riyo

gweddïo
duceyso

cusanu
dhunkasho

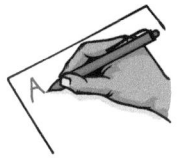

ysgrifennu

qorraxeed

tynnu

masawirid

dangos

muuji

gwthio

riix

rhoi

sii

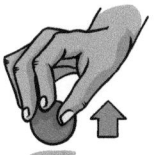

cymryd

qaado

bod gan

haysasho

gwneud

samee

bod

ahaansho

sefyll

istaag

rhedeg

orod

tynnu

jiid

taflu

tuur

disgyn

dhicid

gorwedd

been-sheegid

aros

sug

cario

qaad

eistedd

fariiso

gwisgo amdanoch

labiso

cysgu

seexo

deffro

toos

edrych ar
fiiri

crïo
ooy

anwesu
dhuftay

cribo
shanleyso

siarad
hadal

deall
faham

gofyn
weydii

gwrando
dhageysasho

yfed
cab

bwyta
cun

tacluso
habee

caru
jacayl

coginio
kari

gyrru
kaxee

hedfan
duulid

hwylio

shiraaco

cyfrifo

xisaabi

darllen

akhri

dysgu

barasho

gweithio

shaqee

priodi

guurso

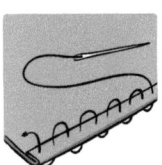

gwnïo

tol

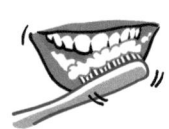

brwsio dannedd

cadayso

lladd

dilid

ysmygu

sigaar cab

anfon

dir

teulu

qoys

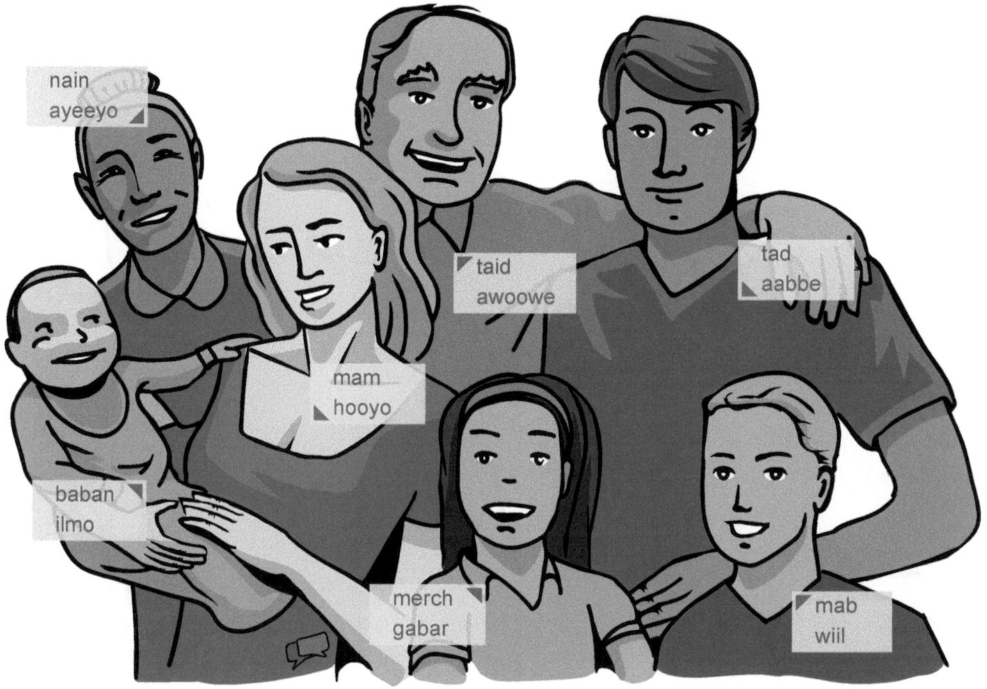

nain
ayeeyo
taid
awoowe
tad
aabbe
mam
hooyo
baban
ilmo
merch
gabar
mab
wiil

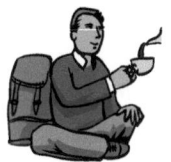

gwestai
marti

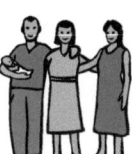

modryb
eeddo

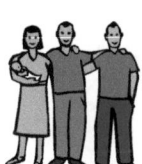

ewythr
adeer

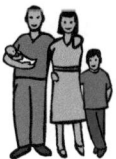

brawd
walaal rag

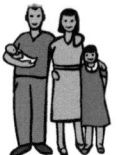

chwaer
walaal dumar

corff

jir

talcen
fool
llygad
il
ysgwydd
garab
bys
far
wyneb
weji
gên
gar
llaw
gacan
coes
lug
bron
naas
braich
cudud

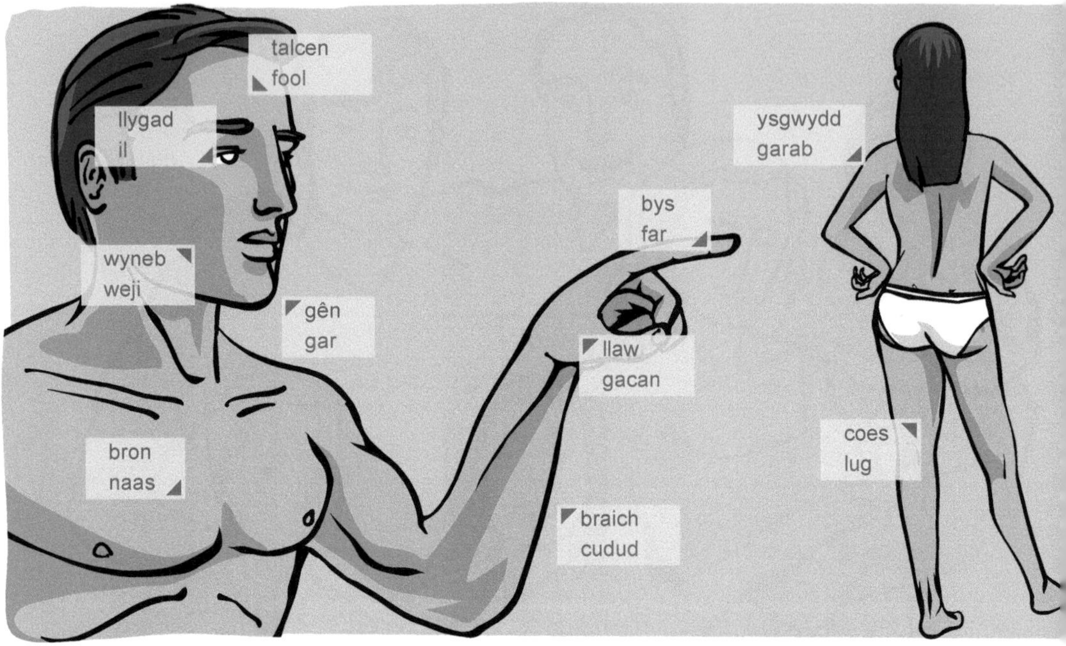

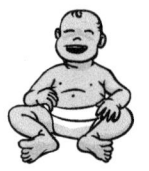

baban

ilmo

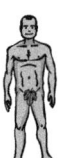

dyn

nin

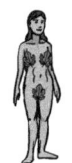

gwraig

naag

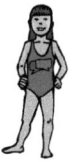

geneth

gabar

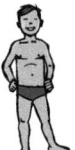

bachgen

wiil

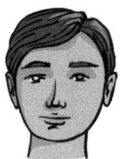

pen

madax

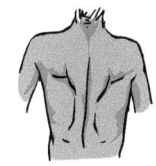

cefn

dhabar

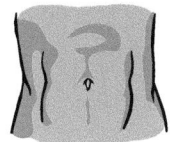

bel

calool

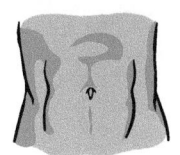

bogail

xuddun

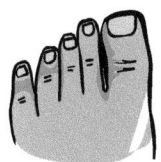

bys troed

suul

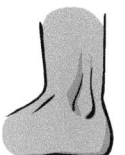

sawdl

cirib

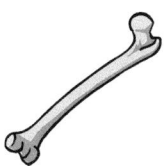

asgwrn

laf

clun

sin

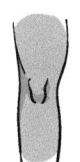

pen-glin

jilib

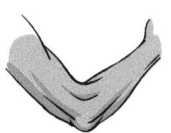

penelin

xusul

trwyn

san

pen ôl

bari

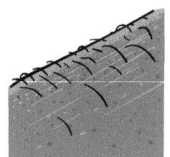

croen

maqaar

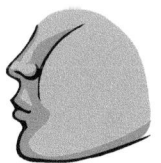

boch

dhafoor

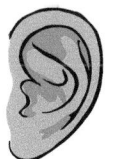

clust

dheg

gwefus

bishin

ceg

af

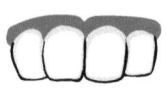

dant

ilig

tafod

carrab

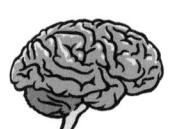

ymennydd

maskax

calon

wadno

cyhyr

muruq

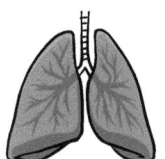

ysgyfaint

sambab

iau

beer

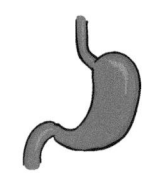

stumog

uur kujirta caloosha

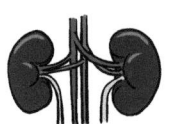

arennau

kelyo

rhyw

galmo

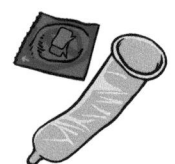

condom

cinjir-galmo

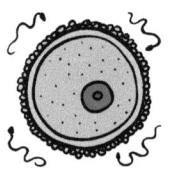

ofwm

ugxan

semen

shahwo

beichiogrwydd

uur

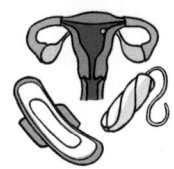

mislif
caado

fagina
siil

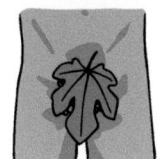

pidyn
gus

ael
suni

gwallt
timo

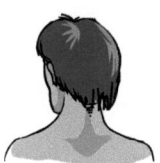

gwddf
qoor

ysbyty
isbitaal

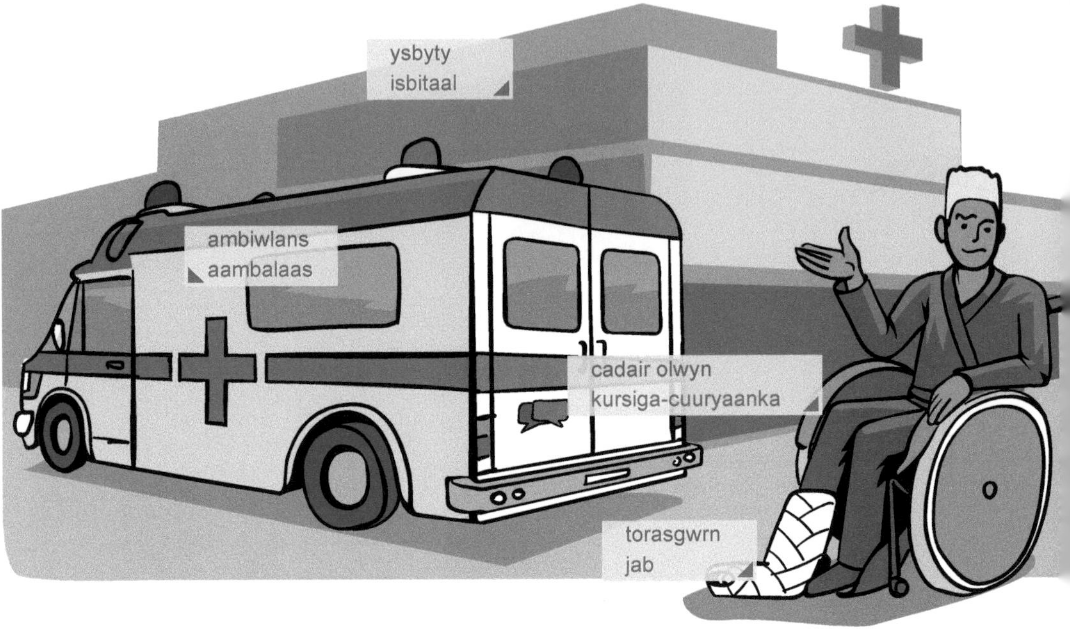

ysbyty
isbitaal
ambiwlans
aambalaas
cadair olwyn
kursiga-cuuryaanka
torasgwrn
jab

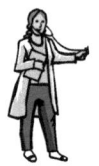

meddyg

dhakhtar

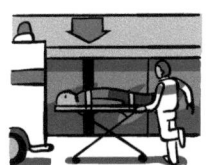

ystafell argyfwng

qolka xaaladaha-degdega ah

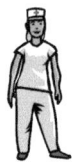

nyrs

kalkaaliye

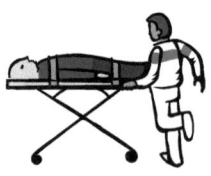

argyfwng

xaalad deg-deg ah

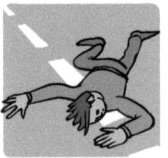

anymwybodol

miyir-beelsan

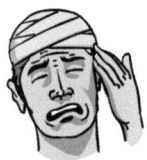

poen

xanuun

anaf

dhaawac

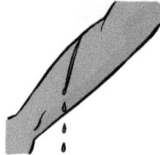

gwaedu

dhiig-bax

trawiad ar y galon

wadno-xanuun

strôc

qallal

alergedd

xasaasiyad

peswch

qufac

twymyn

qandho

ffliw

hargab

dolur rhydd

shuban

cur pen

madax-xanuun

canser

kansar

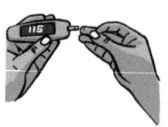

diabetes

cudurka sokoroow

llawfeddyg

dhakhtarka-qalliinka

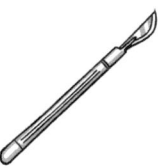

fflaim

mindida qalliinka

gweithrediad

qalliin

CT
....
iskaan

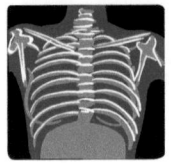

pelydr-x
....
raajo

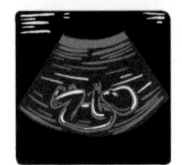

uwchsain
....
dhawaaq-xawaareed

mwgwd wyneb
....
maaskaro

clefyd
....
cudur sokoroow

ystafell aros
....
qolka sugitaanka

bagl
....
ul lagu boodo

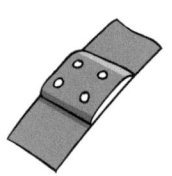

plastr
....
kab

rhwymyn
....
faashato

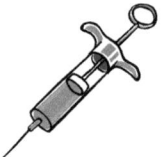

pigiad
....
duris

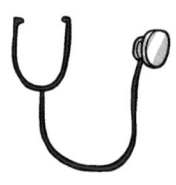

stethosgop
....
wadne-dhegeyeste

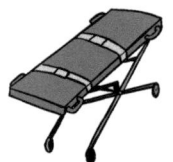

elorwely
....
balankiino

thermomedr clinigol
....
heer-kul-beega qandhada

genedigaeth
....
dhalasho

dros bwysau
....
aad-u-cayilan

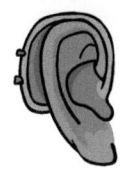

cymorth clyw

maqal-caawiye

diheintydd

jeermis-dile

haint

caabuq

firws

feyras

HIV / AIDS

AYDHIS/HIV

meddygaeth

daawo

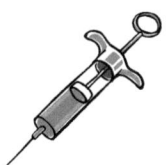

brechiad

tallaal

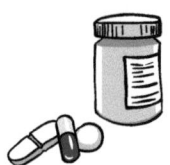

tabledi

kaniiniyo

y bilsen

kaniin

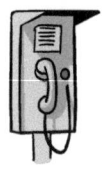

galwad frys

wicitaan deg-deg ah

monitor pwysau gwaed

cabbiraha dhiig-karka

yn sâl / yn iach

xanuunsan / caafimaadsan

Help!

i caawiya!

larwm

sawaxan

ymosodiad

weerar-kadisa ah

ymosodiad

weerar

perygl

khatar

allanfa argyfwng

irridda bixida xaalad-deg-deg

Tân!

dab!

diffoddwr tân

dab demiye

damwain

shil

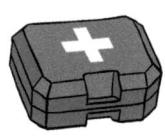

pecyn cymorth cyntaf

saduuqa xaalada-degdega ah

SOS

codsi badbaado

heddlu

booliis

Ewrop

Yurub

Gogledd America

woqooyiga ameerika

De America

koonfurta ameerika

Affrica

Afrika

Asia

Aasiya

Awstralia

Oostareeliya

Iwerydd

Atlaantik

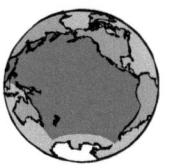

y Môr Tawel

Pacific

Cefnfor yr India

Bad-waynta hindiya

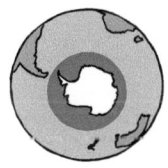

Cefnfor yr Antarctig

Bad-waynta antarctica

Cefnfor yr Arctig

Bad-waynta arctic

Pegwn y Gogledd

cirifka waqooyi

Pegwn y De

cirifka koonfureed

Antarctica

Antarctica

y Ddaear

dhul

tir

dhul

môr

bad

ynys

jasiirad

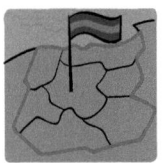

cenedl

waddan

gwladwriaeth

gobol

wyneb cloc

wajiga saacadda

bys awr

gacanka saacada

bys munud

gacanka daqiiqada

bys eiliad

gacanka ilbiriqsiga

Faint o'r gloch yw hi?

waa intee saac?

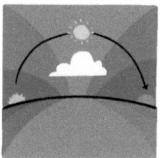

dydd

maalin

amser

wakhti

yn awr

hadda

cloc digidol

saacadda jiifarrada

munud

daqiiqad

awr

saacad

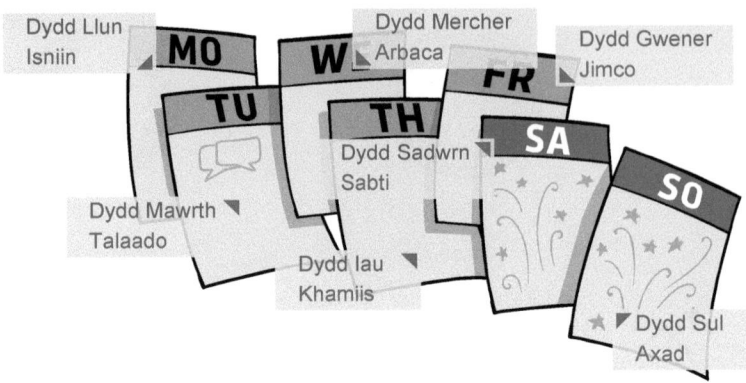

Dydd Llun
Isniin
MO

Dydd Mercher
Arbaca
W

Dydd Gwener
Jimco
FR

TU

TH

SA

Dydd Sadwrn
Sabti

SO

Dydd Mawrth
Talaado

Dydd Iau
Khamiis

Dydd Sul
Axad

ddoe

shalay

heddiw

maanta

yfory

berri

bore

subax

canol dydd

duhur

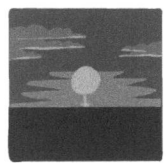

noswaith

casir

MO	TU	WE	TH	FR	SA	SU
1	2	3	4	5	6	7
8	9	10	11	12	13	14
15	16	17	18	19	20	21
22	23	24	25	26	27	28
29	30	31	1	2	3	4

diwrnodiau busnes

maalmaha shaqo

MO	TU	WE	TH	FR	SA	SU
1	2	3	4	5	6	7
8	9	10	11	12	13	14
15	16	17	18	19	20	21
22	23	24	25	26	27	28
29	30	31	1	2	3	4

penwythnos

dabayaaqada usbuuca

blwyddyn
sanad

glaw
roob
enfys
qaanso-roobaad
gwynt
dabayl
eira
roob-baraf
gwanwyn
gu'
haf
xagaa
hydref
deyr
gaeaf
jiilaal

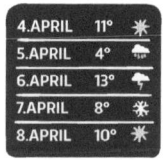

4.APRIL 11°
5.APRIL 4°
6.APRIL 13°
7.APRIL 8°
8.APRIL 10°

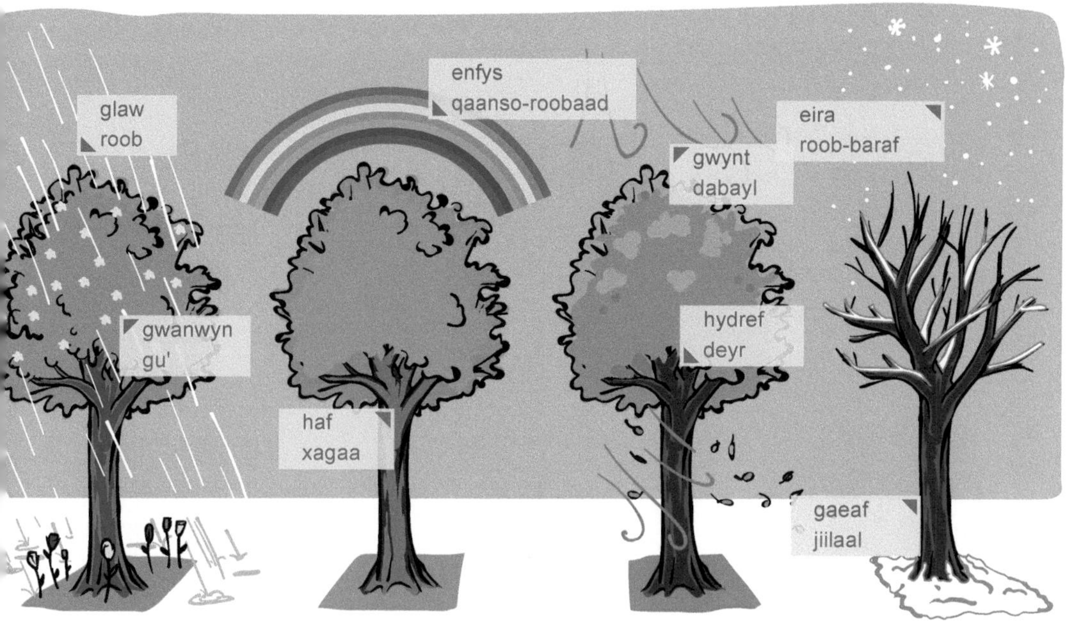

rhagolygon y tywydd

saadaal hawo

F
C

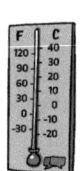

thermomedr

heer-kul baare

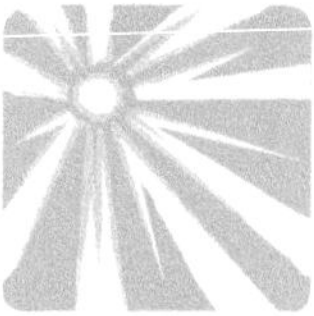

heulwen

qorraxeed

cwmwl

daruur

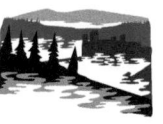

niwl tew

ceeryaamo

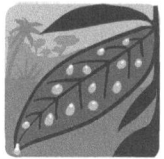

lleithder

huur

mellt

jac

taranau

onkod

storm

duufaan

cenllysg

roob-baraf

monsŵn

maansuun

llif

daad

iâ

baraf

Ionawr

Jannaayo

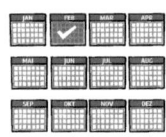

Chwefror

Febraayo

Mawrth

Maarso

Ebrill

Abriil

Mai

Mey

Mehefin

Juun

Gorffennaf

Luulyo

Awst

Agoosto

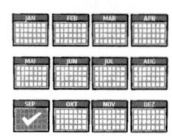

Medi

Sebteember

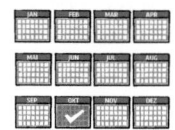

Hydref

Oktoobar

Tachwedd

Nofeember

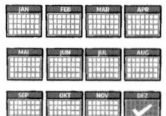

Rhagfyr

Diseember

cylch

goobaabo

sgwâr

afar-gees

petryal

leydi

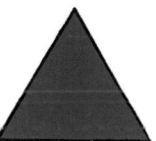

triongl

saddex-xagal

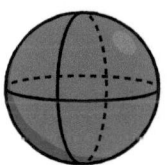

sffêr

wareeg

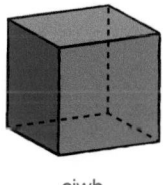

ciwb

bokis

gwyn

caddaan

melyn

hurdi

oren

oranji

pinc

guduud-khafiif

coch

casaan

porffor

carwaajis

glas

bluug

gwyrdd

cagaar

brown

boroon

llwyd

cawl

du

madow

llawer / ychydig

badan / yar

dig / tawel

caro / daganaan

hardd / hyll

qurxoon / foolxun

dechrau / diwedd

billow / dhammaad

mawr / bach

yar / weyn

llachar / tywyll

iftiin / mugdi

brawd / chwaer

walaalkaa / walaashaa

glân / budr

nadiif / wasakhaysan

gyflawn / anghyflawn

buuxa / dhantaalan

dydd / nos

maalin / habeen

farw / yn fyw

dhintay / nool

eang / cul

ballaaran / ciriiri ah

bwytadwy / anfwytadwy

la cuni karo / aan la cuni karin

drwg / caredig

arxan-daran / naxariis-badan

llawn cyffro / diflasu

faraxsan / caajisan

tew / tenau

buuran / caateysan

cyntaf / olaf

ugu horeeya / ugu dambeeya

cyfaill / gelyn

saaxiib / cadaw

llawn / gwag

maran / buuxa.

caled / meddal

adag / jilicsan

trwm / ysgafn

culus / fudud

wedi newynnu / yn sychedig

gaajo / oon

yn sâl / yn iach

xanuunsan / caafimaadsan

anghyfreithlon / cyfreithiol

sharci-darro / sharci

deallus / twp

caaqil / dabbaal

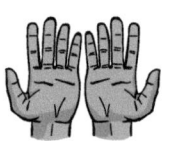

chwith / dde

bidix / midig

agos / pell

dhow / fog

hewydd / wedi'i ddefnyddio
cusub / duug

dim / rhywbeth
waxba / wax

hen / ifanc
da' / dhalinyar

ymlaen / i ffwrdd
daaris / damin

ar agor / ar gau
furan / xiran

tawel / uchel
aamusnaan / cod-dheer

cyfoethog / tlawd
taajir / sabool

cywir / anghywir
sax / khalad

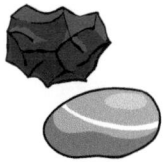

garw / llyfn
jilif leh / sabiibax

trist / hapus
murugsan / faraxsan

byr / hir
gaaban / dheer

araf / cyflym
tartiib / dhaqsi

gwlyb / sych
qoyaan / qalleyl

cynnes / claear
qandac / qabow

rhyfel / heddwch
dagaal / nabad

0

sero

eber

1

un

kow

2

dau

laba

3

tri

saddex

4

pedwar

afar

5

pump

shan

6

chwech

lix

7

saith

toddoba

8

wyth

sideed

9

naw

sagaal

10

deg

toban

11

un deg un

kow iyo toban

12

un deg dau

laba iyo toban

13

un deg tri

sadex iyo toban

14

un deg pedwar

afar iyo toban

15

un deg pump

shan iyo toban

16

un deg chwech

lix iyo toban

17

un deg saith

todoba iyo toban

18

un deg wyth

sideed iyo toban

19

un deg naw

sagaal iyo toban

20

dau ddeg

labaatan

100

cant

boqol

1.000

mil

kun

1.000.000

miliwn

malyuun

Saesneg

Af ingiriis

Saesneg America

Ingiriiska Mareykanka

Tsieinëeg Mandarin

Mandariinka Shiinaha

Hindi

Hindi

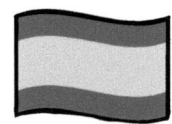

Sbaeneg

Boortaqiis

Ffrangeg

Faransiis

Arabeg

Carabi

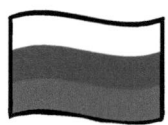

Rwseg

Ruush

Portiwgaleg

Boortaqiis

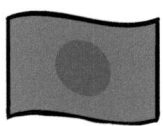

Bengali

Bengaali

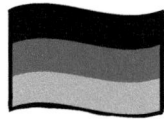

Almaeneg

Jarmal

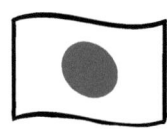

Siapanaeg

Jabaaniis

fi
------
aniga

ti
------
adiga

ef / hi
------
asaga / ayada

ni
------
annaga

chi
------
idinka

nhw
------
ayaga

pwy?
------
kee?

beth?
------
maxay?

sut?
------
sidee?

ble?
------
xagee?

pryd?
------
goorma?

enw
------
magac

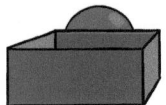

y tu ôl i

gadaal

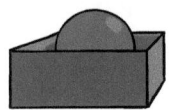

yn / yng / ym / mewn

gudaha

o flaen

horta

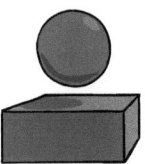

dros

ka sare

ar

dusha

dan

ka hooseeya

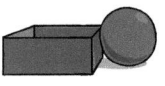

wrth ochr

dhinac

rhwng

u dhexeeya

lle

meel